AF384780

DES RÉFORMES A OPÉRER

DANS LA

LÉGISLATION HYPOTHÉCAIRE

AU POINT DE VUE DE LA PUBLICITÉ

**Rapport adressé à M. le Ministre de la Justice
par la Faculté de droit de Paris.**

PARIS.

IMPRIMERIE DE FAIN ET THUNOT,
IMPRIMEURS DE L'UNIVERSITÉ ROYALE DE FRANCE,
Rue Racine, 28, près de l'Odéon.
—
1842

*Des réformes à opérer dans la législation hypothécaire,
sous le point de vue de la publicité des hypothèques
et des autres droits réels immobiliers.*

Rapport adressé par la Faculté de droit de Paris à M. le ministre
de la justice [1].

MONSIEUR LE MINISTRE,

Vous avez bien voulu consulter la faculté de droit de
Paris sur les innovations qu'il conviendrait d'introduire
dans notre régime hypothécaire. Depuis longtemps
cette matière importante avait appelé l'attention des
jurisconsultes et des économistes. Des plaintes vives et
nombreuses s'étaient élevées contre les vices de la législation actuelle, qui compromet les intérêts soit des
acquéreurs d'immeubles, soit des prêteurs sur hypothèques. Outre les graves inconvénients qui frappent les
regards les moins exercés, cette législation présente
beaucoup d'imperfections de détail que l'on peut faire
disparaître dans la révision générale dont vous avez
conçu le projet.

La faculté se félicite d'être appelée à concourir aux
travaux préparatoires qui pourront servir de matériaux
à cette œuvre si importante, mais en même temps si
difficile, d'une bonne législation hypothécaire.

Une commission chargée par la faculté de préparer

---

[1] Ce rapport a été adopté par la faculté sur la présentation faite
par M. Valette, au nom d'une commission composée de MM. Blon-
deau, Demante, Perreyve et Valette, professeurs; Ferry, Bonnier et
Roustain, suppléants. — Il était déjà terminé lorsque la commission a eu connaissance du remarquable travail de la faculté de
droit de Caen. On y renvoie ci-après dans quelques notes.

1

un rapport sur cette matière, a déjà obtenu son approbation pour une partie fort importante de son travail. Cette partie embrasse tout ce qui concerne la publicité des priviléges, hypothèques et autres droits réels immobiliers. D'autres portions intéressantes du sujet par vous proposé, n'ont pas encore été complétement traitées par la commission. Ainsi, elle a encore à présenter son travail sur le classement des priviléges généraux; sur les formalités de détail relatives à l'inscription; sur la purge des priviléges et des hypothèques; et enfin, sur l'application du système cadastral à la tenue des registres des droits réels, au lieu du mode actuellement suivi, d'après lequel les aliénations et concessions de droits réels sont indiquées par renvoi au nom des propriétaires. Le travail relatif à la purge est à peu près achevé, et pourra vous être soumis très-prochainement.

Même en ce qui concerne la publicité des droits réels, objet du présent rapport, la faculté n'a pu entrer dans un examen approfondi de tous les détails. Presque toujours elle a dû se borner à établir des principes généraux qui pourront être développés et complétés par des travaux ultérieurs. Cependant elle s'est occupée de quelques points secondaires, mais qui se présentent tout d'abord à l'esprit comme moyens d'application.

Notre matière se divise naturellement en deux grandes parties. Dans la première, il sera question des droits réels immobiliers autres que les priviléges et hypothèques; et dans la seconde, des priviléges et hypothèques.

PREMIÈRE PARTIE.

Des droits réels immobiliers autres que les priviléges et hypothèques.

I. Parmi tous les projets de réforme qui se rattachent au système hypothécaire, un de ceux que le public a le mieux compris et qu'il a accueillis avec le plus de faveur, est le projet de revenir au système consacré par la loi du 11 brumaire an VII, en matière d'aliénations immobilières, c'est-à-dire d'exiger que ces aliénations, pour être opposées aux ayant-cause de l'aliénateur, soient mentionnées sur des registres publics.

Tout le monde, en effet, comprend sans peine que, dans l'état de choses actuel, les créanciers hypothécaires sont exposés à des fraudes que la prudence la plus vigilante ne saurait éviter, puisqu'ils n'ont aucun moyen de savoir, d'une manière certaine, si la personne avec laquelle ils traitent n'a pas antérieurement aliéné, en totalité ou en partie, l'immeuble qu'elle leur offre pour gage de leur créance.

Il y a également incertitude et absence de sécurité pour les acquéreurs de la propriété des immeubles. Ils sont évidemment exposés (et le cas s'est présenté plus d'une fois) à être primés par des acquéreurs antérieurs, dont le titre, quoique ayant date certaine, leur avait été dissimulé.

Le Code civil actuel, tel qu'il est interprété par la jurisprudence, ne prescrit aucune mention sur les registres publics des actes à titres onéreux, comme vente, échange, etc., opérant transport de la propriété immobilière et de ses démembrements. Cette publicité n'est

---

[1] *V.* cette loi, art. 26.

exigée qu'exceptionnellement, en matière de donation d'immeubles ; quoique cependant il soit impossible d'expliquer, d'une manière satisfaisante, en quoi l'aliénation à titre gratuit est pour le public un fait plus intéressant à connaître que l'aliénation à titre onéreux. Du reste, on n'est pas même d'accord sur la question de savoir si, lorsqu'il s'agit de démembrements non susceptibles d'hypothèque dans la main du donataire, tels que l'usage, l'habitation, les servitudes, l'acte de donation est soumis à la formalité de la transcription (*V*. art. 939). Quant aux legs d'immeubles, il est reconnu sans difficulté que la transcription n'en est point ordonnée par le Code ; et il est juste de dire que la même omission existait dans la loi de brumaire an VII, qui n'avait pourvu qu'à la publicité des mutations opérées entre-vifs. Seulement le Code civil admet une heureuse exception quant aux substitutions d'immeubles qui sont faites par testament (*V*. art. 1069). Ici, la transcription se trouve exigée, grâce à l'ordonnance de 1747, qui prescrivait la publication à l'enregistrement des charges de restituer à titre de substitution, comme l'ordonnance de 1731 prescrivait l'insinuation des donations ; ce qui, dans les deux cas, s'appliquait aux biens meubles comme aux immeubles. On sait que partout où les rédacteurs du Code ont trouvé dans ces ordonnances le mot *insinuation* ou le mot *enregistrement*, ils les ont remplacés par ceux de *transcription* ou d'*inscription* au bureau des hypothèques, en limitant, toutefois, ces formalités aux seuls actes concernant les immeubles.

Notre opinion est qu'il faut adopter aujourd'hui un système uniforme, simple, embrassant tous les cas d'aliénation totale ou partielle de biens immeubles, de manière à donner une publicité complète à toute mutation soit de propriété, soit de démembrement de propriété immobilière.

Plus loin, nous nous expliquerons sur la question de savoir si cette publicité doit consister dans une simple mention, c'est-à-dire, pour employer l'expression consacrée, dans une *inscription* faite sur les registres, ou s'il faut recourir au mode appelé *transcription*, qui consiste dans la copie littérale de l'acte opérant ou constatant la translation de propriété; en ce moment il s'agit seulement d'établir le principe d'une publicité, non-seulement plus complète et mieux organisée qu'elle ne l'est dans le Code civil (car ce Code, dépassé de si loin en cette matière dans un grand nombre d'États européens [1], n'offre sur tout ceci qu'un amas de dispositions incohérentes et souvent très-obscures), mais plus parfaite que celle de la loi de brumaire, qui ne s'occupait point des successions légitimes ou testamentaires, ni même, suivant l'opinion commune, des partages effectués entre les associés, les cohéritiers, et les époux communs en biens. Il est pourtant facile d'apercevoir que l'acquisition des immeubles par succession ou par acte de dernière volonté est, pour les tiers, un événement aussi utile à connaître d'une manière certaine que tout autre fait d'acquisition; et il en est de même de la détermination de propriété opérée par un partage, malgré la fiction qui fait du partage un acte *déclaratif de propriété*.

II. Admettant ainsi comme principe général la publi-

---

[1] *V.* l'intéressant et utile résumé que M. Odier, professeur de droit civil à Genève, nous a donné des diverses législations hypothécaires de l'Europe, et même du Nouveau-Monde, dans son ouvrage intitulé : *Systèmes hypothécaires.*

cité de la translation de la propriété immobilière en tout ou en partie, nous allons présenter en détail les conséquences qui découlent de ce principe.

— Devront être rendues publiques par une mention sur des registres à ce destinés :

1° Toute mutation de propriété d'immeubles opérée par convention à titre onéreux, donation, testament [1], institution contractuelle; toute acceptation pure et simple d'une succession immobilière; toute transaction, tout acquiescement ou aveu ayant pour objet de déterminer des droits de propriété sur des immeubles ;

2° Toute détermination de propriété immobilière opérée par un partage;

3° Toute *adjudication* de la même propriété opérée par jugement;

Nota. Si l'adjudication est faite sur saisie immobilière, le propriétaire est déjà dessaisi par la transcription de la saisie (*V*. C. Pr., nouvel art. 686), et par conséquent la transcription du jugement d'adjudication ne sera nécessaire à l'adjudicataire que pour se mettre en possession de l'immeuble adjugé (*V*. 2° loi du 11 brumaire an VII et *Observations* de la faculté de droit de Caen, p. 5);

4° Toute *déclaration* d'un droit de propriété de même nature résultant d'un jugement.

— La même publicité sera donnée à la constitution ou à l'aliénation opérée par les mêmes modes :

1° Des droits d'usufruit, d'usage, d'habitation et de superficie sur les immeubles, ainsi que des baux à domaine congéable;

---

1 En ce qui concerne le délai dans lequel les légataires devront inscrire leur droit de propriété, *V*. plus bas, 2e partie, section 1re, vers la fin, page 631.

partie intéressée et de deux témoins, et qui, étant joints à l'acte de décès du *de cujus*, servent à l'héritier pour toucher les sommes dues à la succession par le trésor ou même par des particuliers. Cet usage simple, peu dispendieux, et déjà consacré par l'expérience, est facile à transporter dans la matière dont nous nous occupons ; c'est-à-dire que l'inscription du droit immobilier, acquis à titre de succession, sera faite sur le vu tant de l'acte de décès du précédent propriétaire que de l'acte de notoriété[1].

Ces actes ayant peu d'étendue, la transcription complète n'offrirait sans doute pas ici de grands inconvénients. Mais, néanmoins, la simple inscription, faite d'après les bordereaux dressés conformément à ces actes, peut être regardée comme parfaitement suffisante ; et c'est aussi ce qui est proposé dans le projet de Genève, art. 27 et suivants. Il va sans dire que s'il existe un jugement qui ait statué sur la qualité héréditaire, l'inscription sera prise en vertu de ce jugement.

De même, dans le cas de succession irrégulière, l'inscription sera faite sur une expédition du jugement qui aura prononcé l'envoi en possession, conformément aux art. 724 et 770 du Code civil. On sait que jusqu'à cet envoi en possession, les successeurs irréguliers, n'ayant pas la saisine proprement dite, ne peuvent appréhender aucun des biens de la succession, dont la propriété leur est pourtant dévolue. Au reste, un jugement d'envoi en possession serait également nécessaire aux héritiers légitimes, s'ils ne pouvaient produire les témoins nécessaires pour la confection de l'acte de notoriété.

L'absence donne aussi ouverture à une sorte de suc-

---

[1] *V*. le projet de Genève, art. 27 et suiv.

cession qui confère aux héritiers provisoires des droits plus ou moins étendus, suivant la période de l'absence dans laquelle on se trouve. Les envois en possession provisoires ou définitifs, sont prononcés par les tribunaux ; et, dès lors, les jugements ou les arrêts seront encore ici les titres en vertu desquels l'inscription pourra être requise par les héritiers présomptifs, ou autres personnes ayant des droits subordonnés à la condition du décès de l'absent.

V. Cette inscription de l'acquisition des immeubles, à titre successif, outre qu'elle complète et consolide le système général de la publicité des droits réels immobiliers, doit avoir encore un autre avantage très-remarquable. Elle sera le moyen de régulariser un état de choses fondé, non pas à notre avis sur la loi actuelle, mais sur la jurisprudence, et d'où surgissent bien des difficultés de théorie et de pratique : nous voulons parler de la validité attribuée aux actes d'aliénations émanés d'un héritier apparent. Cette sanction, donnée à ces aliénations par la jurisprudence, est sans doute très-favorable au crédit et à la sécurité publique ; elle encourage des mutations utiles, et facilite le placement des capitaux. Mais il est souvent bien difficile de reconnaître d'une manière précise l'existence de cette qualité d'héritier apparent. N'arrive-t-il pas souvent que, certaine pour les uns, elle soit fort douteuse pour les autres, et même que celui qui dans un lieu passe pour héritier, ne soit pas considéré comme tel dans un autre lieu ? Toutes ces difficultés s'évanouiront, quant aux immeubles héréditaires, au moyen des inscriptions dont nous venons de parler. A cet effet, il suffira de dire, dans la loi, que l'inscription prise sur un immeuble à titre d'héritier ou de successeur irrégulier, constitue

après un certain laps de temps, après un an par exemple,
la qualité légale d'*héritier apparent*. Ainsi, lorsqu'une
année se sera écoulée depuis cette inscription , sans
qu'un autre prétendant-droit se soit présenté et en ait
obtenu la radiation, la personne inscrite sera, pour le
public, investie de la qualité d'héritier, et les aliénations consenties par elle à des tiers de bonne foi seront
maintenues, sans préjudice, bien entendu, de l'action
personnelle qui appartient au véritable héritier contre
le possesseur de l'hérédité ; car l'action personnelle est
toujours implicitement réservée à qui de droit dans une
législation qui organise la publicité des droits réels dans
l'intérêt des tiers.

Une objection assez grave au premier coup d'œil peut
être faite contre cette manière de constituer la position
légale d'héritier apparent quant aux immeubles. Dès
que la succession est ouverte, dira-t-on, l'héritier peut
être immédiatement poursuivi par les créanciers du défunt ; et il ne peut échapper à leur action que pendant
un temps assez court, en leur opposant, par forme d'exception dilatoire, qu'il veut faire inventaire et déli-
bérer. Et cependant, jusqu'à l'expiration de l'année qui
aura suivi son inscription sur les immeubles de la succession, il sera en réalité privé de la faculté d'aliéner et
d'hypothéquer les immeubles ; puisque jusqu'à cette
époque les tiers n'auront aucune certitude de traiter
avec un propriétaire.

Nous ne répondrons pas que, légalement parlant et
d'après le Code civil actuel, le véritable héritier aurait aujourd'hui le droit de revendiquer les immeubles
contre les possesseurs de bonne foi, tant que le laps de
temps requis pour la prescription, et dont la durée est
fort longue, n'est pas expiré. Nous ne voulons pas faire

ici abstraction de la jurisprudence mentionnée plus haut.

Mais nous répondrons que l'inconvénient dont on se plaint existe certainement déjà sous un autre point de vue, si ce n'est pendant une année, du moins pendant six mois à compter de l'ouverture de la succession. En effet, les créanciers du défunt et les légataires jouissent d'un délai de six mois pour acquérir, par inscription prise sur les immeubles de la succession, un privilége qui prime rétroactivement toutes les hypothèques conférées par l'héritier, et peut-être même les aliénations qu'il a faïtes (*V*. art. 2111 du Code civil). Ce danger est certainement, dans la plupart des cas, beaucoup plus grand que celui de voir surgir un héritier inconnu; car presque toujours la parenté du défunt pourra être, bien mieux que l'état de ses affaires et le montant de ses dettes, recherchée et vérifiée. Ajoutons que la loi pourrait et devrait, suivant nous, déclarer que même avant l'expiration de l'année d'inscription, les tribunaux auraient le droit d'autoriser l'héritier apparent à faire des ventes sûres et non attaquables par les divers ayant-droit, en observant les formes prescrites au curateur à la succession vacante.

Nous verrons plus tard, en nous occupant *des hypothèques et des priviléges*, que l'inscription prise sur un immeuble héréditaire par un prétendant-droit à la succession, pourra être rattachée tout naturellement à la matière de la séparation des patrimoines, et servir ainsi de point de départ au délai dans lequel les créanciers de la succession sont tenus de s'inscrire pour conserver le privilége de l'art. 2111. Cette idée sera développée dans la *deuxième partie* de ce rapport.

De ce que nous venons de dire en dernier lieu, il résulte évidemment que l'inscription de la qualité d'hé-

ritier pourra être prise par différentes personnes sur les
différents immeubles de la même succession, et que
chacun de ces immeubles devra être considéré à part
quant aux effets légaux de l'inscription ; c'est-à-dire
quant aux droits acquis par les tiers. La seule dérogation qu'on pût apporter à cette règle consisterait à dire
qu'une seule inscription frapperait tous les immeubles
héréditaires situés dans l'arrondissement du même bureau de conservation ; et ce, par analogie de ce que décide l'article 2148, 5°, relativement aux hypothèques
légales et judiciaires. Mais cette inscription unique pour
tout un ressort du bureau ne laisse pas que d'entraîner
certains inconvénients. Le Code civil ne fait point de
concession de ce genre aux créanciers et aux légataires
qui veulent conserver le privilége de la séparation des
patrimoines ; ceux-ci doivent, conformément à la règle
générale de l'article 2148, requérir des inscriptions dis-
tinctes sur chacun des immeubles qu'ils entendent
frapper de leur privilége. A plus forte raison cette règle
de l'article 2148 devra-t-elle s'appliquer à l'héritier
qui, muni des titres et des papiers du défunt, doit,
mieux que les créanciers et les légataires, connaître
la situation et la nature des immeubles de la succession.

VI. Une conséquence nécessaire de l'adoption d'un
système général de publicité des droits réels, tel que nous
venons d'en présenter le plan, sera l'abrogation des articles 834 et 835 du Code de procédure. On aurait peine
à s'expliquer ces textes bizarres et obscurs, si l'on ne
savait pas que, rédigés dans un esprit tout financier,
leur objet est de rendre nécessaire au profit du trésor
public, la transcription que la jurisprudence avait re-
jetée au point de vue de l'intérêt des particuliers. Dans
le système de la nouvelle loi tout devra être, autant

que possible, soumis à des principes clairs, simples, uniformes. Nul n'aura acquis de droit réel sinon par l'inscription. C'est à l'acquéreur ou au créancier à se hâter, et à ne compter sur un droit réel immobilier qu'autant qu'il l'aura fait connaître au public. Pourquoi donnerait-on aux créanciers hypothécaires un délai qu'on refuse aux acquéreurs de la pleine propriété [1].

VII. Il n'y a également aucune difficulté à déclarer abrogés les articles 941 et 1072 du Code civil, relatifs, le premier, aux donations d'immeubles, le second, aux substitutions, articles où la transcription et l'inscription sont jetées comme au hasard pour remplacer l'insinuation et l'enregistrement des anciennes ordonnances, sur lesquelles on modelait le nouveau Code, articles qui ont été, pour les commentateurs et les juges, une source presque intarissable de difficultés, de doutes et de contradictions. Les derniers mots de l'article 1072 (*ou inscription*) n'ont même jamais pu recevoir un sens qui présentât quelque apparence de raison.

Nous arrivons maintenant à la deuxième partie de notre rapport.

DEUXIÈME PARTIE.

Des priviléges et hypothèques.

VIII. En matière de priviléges et d'hypothèques, la publicité se trouve consacrée en principe dans le Code civil (*V*. art. 2106 et 2134). Quant aux exceptions qui dérogent à ce principe, elles n'ont point été introduites au hasard et comme par surprise, mais elles sont le fruit

---

[1] La cour royale de Paris, dans son rapport adressé au ministre de la justice, propose aussi la suppression des articles 834 et 835 du Code de procédure (*V*. son projet de loi, p. 32).

paration. En effet, si l'héritier accepte sous bénéfice d'inventaire et ne s'inscrit pas sur les immeubles comme propriétaire, l'inscription des créanciers et des légataires deviendra inutile. Il faut donc, en ce qui touche le délai accordé à ces créanciers et légataires, faire entrer aussi en ligne de compte, l'époque où l'héritier s'est inscrit comme acceptant purement et simplement.

Ce que nous venons de dire n'apparaît pas aussi clairement, si l'on admet, au contraire, que l'héritier bénéficiaire peut à son gré changer sa position en devenant héritier pur et simple, et faire subir aux créanciers les conséquences de ce changement. Si le régime bénéficiaire peut cesser d'un moment à l'autre, et faire place au régime d'acceptation pure et simple sans le consentement de toutes les parties intéressées, il est clair que dans la prévision d'un tel événement, l'acceptation faite d'abord sous bénéfice d'inventaire ne devra pas empêcher les créanciers du défunt et les légataires, s'ils sont prudents, de s'inscrire sur les immeubles de la succession. Dans ce cas, l'inscription aura une utilité éventuelle; elle devra produire ses effets légaux, si l'héritier venant à être déchu du bénéfice d'inventaire, il n'y a plus lieu à la séparation *collective*, mais à la séparation *individuelle* des patrimoines. Dans ce système, on pourrait soutenir que le délai accordé aux créanciers et aux légataires ne doit avoir qu'un point de départ unique, qui serait l'époque de l'ouverture de la succession.

Néanmoins, et même en admettant la possibilité d'une transformation complète de régime, il est encore utile aux créanciers et aux légataires de connaître par l'inscription l'existence d'une acceptation pure et simple; car dans cette hypothèse, si l'héritier n'est pas solvable, leur intérêt à s'inscrire est parfaitement évident; tandis que si l'acceptation est bénéficiaire, l'utilité de l'inscription, qui entraîne toujours certaines pertes de temps et d'argent, n'est plus subordonnée qu'à l'événement souvent fort peu probable d'un changement de volonté ou d'une fraude de l'héritier.

D'après ces considérations, nous proposons de décider que les créanciers et légataires, indépendamment du délai invariable de six mois que leur accorde la loi actuelle et qui court à partir de l'ouverture de la succession, auront toujours, pour inscrire leur privilége, le délai de trente jours à compter de l'inscription de l'héritier comme acceptant purement et simplement. Ainsi, en supposant que l'héritier s'inscrivît un mois après le décès de son auteur, il resterait encore aux créanciers cinq mois complets ; et si, au contraire l'héritier ne prenait inscription que plus de six mois, un an, par exemple, après l'ouverture de la succession, les créanciers et les légataires ne seraient déchus de leur privilége que par le laps de trente jours à partir de cette inscription.

Le même délai de trente jours devra courir à dater de l'inscription du jugement qui aurait condamné l'héritier comme pur et simple ; ce qu'il faut peut-être restreindre aux jugements basés sur des faits antérieurs à l'acceptation que l'héritier aurait faite sous bénéfice d'inventaire.

XV. Ces délais devront être accordés aux créanciers et aux légataires pour conserver leur privilége de la manière la plus complète, c'est-à-dire, contre *tous les ayant-cause* de l'héritier pur et simple. Nous voulons ici exprimer cette idée, que, dans le cas même où l'héritier aurait, non pas grevé d'hypothèques, mais vendu ou aliéné autrement les immeubles, les créanciers et les lé-

gataires devraient jouir de leur délai pour s'inscrire utilement. En effet, ces délais ne sont pas trop longs, au
moins dans la plupart des cas, pour que les intéressés
puissent être instruits et du décès du débiteur ou testa-
teur et de l'acceptation pure et simple de l'héritier. On
ne peut concevoir pourquoi il serait loisible à l'héritier,
peut-être insolvable, de faire disparaître le privilége en
aliénant les immeubles héréditaires aussitôt après l'ouverture de la succession, tandis qu'il ne pourrait, pendant six mois, nuire à ce privilége par des constitutions
d'hypothèques. Cependant on peut soutenir que cette
bizarrerie existe dans le Code et résulte de la combinai-
son des articles 880 et 2111. La ressource qu'on offre
aux créanciers et aux légataires dans l'application de
l'article 834 du Code de procédure est bien peu rassu-
rante pour eux. Qu'est-ce en effet qu'un bref délai de
quinzaine pour des créanciers peut-être éloignés, qui
ne connaissent même pas le décès du débiteur, et à qui
on ne peut reprocher aucune négligence antérieure,
puisque de son vivant ils n'étaient pas admis à prendre
l'inscription de l'article 2111 ? Il est évident que l'article
880 doit être corrigé dans le sens que nous venons d'indiquer, et qu'il n'est point en harmonie avec la nature
toute nouvelle du droit de séparation des patrimoines,
que les rédacteurs du titre 18, livre 3 du Code civil, ont
transformé en privilége et en hypothèque, postérieu-
rement à la promulgation du titre *des successions*.

XVI. Il conviendrait de décider aussi dans la loi nouvelle une question très-controversée sous l'empire du
Code actuel, et qui est de savoir si l'immeuble tombé au lot
d'un des héritiers est grevé par privilége soit de la dette,
soit du legs *en entier*, ou si le privilége ne frappe l'immeuble que pour la part dont cet héritier est per-

sonnellement tenu dans la dette ou dans le legs.

Que l'on prenne sur ce point l'un ou l'autre des deux partis, la solution préférée offrira des avantages, mais en même temps des inconvénients. Nous allons nous livrer à cet égard à un rapide examen, en employant le plus ordinairement les termes génériques *créances* et *dettes*, pour indiquer à la fois les créances et dettes antérieures au décès du débiteur, et celles qui naissent du testament au profit du légataire et à la charge de l'héritier.

D'un côté, en déclarant que le privilége du créancier frappe chacun des immeubles héréditaires pour la totalité de la dette, on assure d'autant mieux le payement de la créance. Dans ce système, aucun des héritiers, même celui qui a acquitté sa part héréditaire de la dette, ne peut tirer un bénéfice de la succession tant que le créancier de cette succession n'est pas intégralement payé. Et cette décision offre de l'utilité, même à l'égard du légataire, malgré la disposition de l'article 1017 du Code civil; car le privilége de l'article 2111 est plus avantageux au légataire que la simple hypothèque de l'article 1017. Du reste, nous reviendrons bientôt sur la disposition de ce dernier article, et sur l'étendue du droit d'hypothèque qu'il confère au légataire.

Dans ce système favorable aux créanciers héréditaires, le partage est considéré à leur égard comme *attributif*, et non conformément aux règles ordinaires (*V.* art. 883) comme *déclaratif* de la propriété. En d'autres termes, le privilége de séparation des patrimoines n'est point opposable seulement aux ayant-cause de chaque héritier; mais aux héritiers eux-mêmes, considérés comme devenus acquéreurs les uns des autres au moyen du partage.

D'un autre côté, en déclarant que le privilége n'existe

sur les immeubles échus au lot de chaque héritier , que pour la part que cet héritier doit supporter *personnellement* dans la dette, et , en décidant ainsi que les créanciers du défunt et les légataires ne peuvent opposer leur privilége qu'aux créanciers et aux acquéreurs de chacun des héritiers , on se conforme plus rigoureusement, ce semble , à l'esprit général de notre législation qui est d'opérer la division des dettes entre les cohéritiers.

Certes, la solidarité entre cohéritiers , telle, par exemple , que l'admettait l'ancienne coutume de Bretagne , aurait été beaucoup plus avantageuse aux créanciers qne la division des dettes , empruntée au droit romain. Mais aussi cette division de dettes entre cohéritiers a l'avantage de prévenir les recours nombreux qui surgiraient au contraire du principe de la solidarité. Le même motif, c'est-à-dire , le désir d'éviter la nécessité des recours entre les héritiers , paraît avoir donné naissance à cette règle si remarquable de notre droit ancien et moderne , que le partage est *déclaratif et non attributif de propriété.*

Si l'on admet ce dernier système , et qu'on décide nettement dans la nouvelle loi , que les créanciers du défunt et ses légataires n'auront de privilége sur le lot de chaque héritier que pour la part dont cet héritier est tenu dans les dettes et dans le legs, il faudra nécessairement corriger l'article 1017, qui donne aux légataires , indépendamment du droit de séparation des patrimoines , une hypothèque pour la totalité du legs sur chacun des immeubles de la succession.

Dès lors, le privilége n'existant plus sur les immeubles échus au lot de chaque héritier que pour la part de cet héritier dans la dette ou dans le legs, les créanciers et les légataires se trouveront avoir grand intérêt à empêcher que les immeubles ne soient attribués dans le partage aux héritiers solvables plutôt qu'aux insolvables, ce qui leur enlèverait la garantie que le privilége doit leur assurer à l'égard de ces derniers.

On dira peut-être que ce danger n'est pas à craindre, parce que ces créanciers et ces légataires ont le droit de s'opposer à ce que le partage s'effectue en leur absence, et peuvent y intervenir à leurs frais afin d'empêcher les fraudes qui leur seraient préjudiciables (*V*. art. **882**). Mais nous allons voir que ce droit d'opposition et d'intervention donne lieu en cette matière à deux graves difficultés que voici :

1º Le partage peut être fait peu de temps après l'ouverture de la succession, et lorsque les créanciers et les légataires ne sont pas encore informés de la mort du *de cujus*, ou même ne connaissent pas tous les cohéritiers auxquels leur opposition doit être notifiée;

2° Si l'on suppose que l'opposition a été notifiée en temps utile et à tous les cohéritiers, il est possible que, nonobstant cette mesure, il soit passé outre au partage en l'absence des opposants, et que des tiers de bonne foi acquièrent des immeubles ou des droits réels immobiliers, du chef des divers héritiers dans le lot desquels les immeubles auront été mis. Or, on ne peut guère admettre que l'opposition des créanciers et des légataires puisse nuire à ces tiers de bonne foi ; et dès lors le droit d'opposition des créanciers et légataires peut facilement devenir illusoire.

On préviendrait tous les inconvénients possibles en déclarant que l'inscription du privilége, requise dans les délais indiqués plus haut, vaudra opposition à ce que l'immeuble grevé du privilége soit compris dans le partage en l'absence du créancier ou légataire inscrit.

De cette manière, les personnes auxquelles la loi accorde
le privilége et les tiers qui contractent avec les héritiers, n'auront aucune surprise à redouter.

Les délais de six mois et de trente jours indiqués plus
haut seront également accordés aux légataires d'immeubles, pour inscrire utilement leur droit de propriété
résultant du testament [1]. Inscrit plus tard, ce droit ne
pourrait être opposé qu'aux ayant-cause postérieurs de
l'héritier.

2ᵉ SECTION. — Des hypothèques.

XVII. Relativement aux hypothèques judiciaires,
plusieurs améliorations peuvent être introduites dans la
nouvelle loi.

1° Nous proposons de supprimer l'hypothèque qui résulte, d'après l'article 2123 du Code civil, de la simple
vérification ou reconnaissance faite en justice d'un acte
sous seing-privé. On ne conçoit pas que la seule consta-
tation authentique de l'existence d'une dette puisse
donner naissance à une hypothèque générale, c'est-à-
dire, à l'une des plus dangereuses et des plus gênantes
pour le débiteur, tandis que le contrat ne concédait au
créancier et ne pouvait même lui concéder, à raison de
la forme de l'acte, aucune espèce de garantie hypothécaire. Sans doute, la loi du 3 septembre 1807 a diminué
notablement les abus qui résultaient de l'article 2123 du
Code, en décidant que si la créance vérifiée ou reconnue
en justice est conditionnelle, ou à terme, l'inscription
hypothécaire ne pourra être prise qu'après l'événement
de la condition ou l'échéance du terme. Mais il ne reste
pas moins dans la législation actuelle cette bizarrerie,

---

[1] Mais ici les trente jours courront de l'époque de l'inscription
prise par l'héritier, même comme bénéficiaire.

qu'un créancier muni d'un simple acte sous seing-privé est dans une position plus avantageuse qu'un autre créancier pourvu d'un acte notarié ; puisque le premier, en faisant par avance vérifier son titre en justice, peut, sans avoir obtenu de condamnation proprement dite, prendre inscription dès que sa créance est devenue exigible, faculté dont le second est entièrement privé. D'ailleurs, cette loi de 1807, en permettant des *stipulations contraires* à ce qu'elle décide [1], ouvre mal à propos aux parties un moyen facile de déroger indirectement à la règle salutaire de la *spécialité* des hypothèques. Cette hypothèque générale, accordée au créancier qui n'a pas obtenu de jugement de condamnation, est une tradition mal à propos conservée de l'ancienne jurisprudence, suivant laquelle toute dette constatée authentiquement était hypothécaire, ce qui a été abrogé par le Code, en matière d'actes notariés (*V*. C. civ., art. 2129).

2° Nous demandons que l'hypothèque judiciaire proprement dite, qui résulte d'un jugement de condamnation, soit spécialisée dans l'inscription, c'est-à-dire, inscrite sur chacun des immeubles que le créancier voudra grever d'hypothèques, en sorte qu'une seule inscription ne suffise plus pour frapper tous les immeubles compris dans le ressort d'un même bureau de conservation. Le mode actuellement pratiqué tend à grever souvent plus d'immeubles que ne le comportent raisonnablement l'intérêt et la sécurité du créancier. De là une atteinte trop considérable portée au crédit du débiteur, et une trop grande complication dans les procédures qui se rattachent à l'expropriation des immeubles, et à la distribution du prix des ventes. Le principe

---

[1] *V*. la fin de l'article 1er de cette loi.

de la spécialité offre de notables avantages que les rédacteurs du code ont reconnus et proclamés, mais qu'ils ont quelquefois mal à propos négligés dans les applications de détail.

3° Enfin, il conviendrait même de donner aux juges qui prononcent les jugements de condamnation, le pouvoir de restreindre immédiatement l'hypothèque judiciaire à certains immeubles suffisants pour la sûreté du créancier, ce qui préviendrait la nécessité des demandes en radiation exigées par le Code actuel, et qui deviennent après coup la source de nouveaux procès. Une innovation tout à fait analogue se trouve dans l'article 34 de la loi du 30 juin 1838 *sur les aliénés*.

XVIII. Quant aux hypothèques légales, une des difficultés les plus graves d'un sujet si fertile en difficultés est certainement de régler le sort de l'hypothèque des femmes mariées, des mineurs et des interdits. On sait que, d'après la loi du 11 brumaire, ces hypothèques étaient générales, et soumises à une inscription qui pouvait être unique pour tous les immeubles situés dans l'arrondissement du même bureau (*V.* loi du 11 brum., art. 4); et qu'enfin aujourd'hui ces hypothèques sont non-seulement générales, mais encore dispensées d'inscription, sauf le cas où l'immeuble du mari ou du tuteur venant à être aliéné, l'acquéreur remplit les formalités de la purge légale.

Une question de la plus haute importance est donc de savoir s'il faut maintenir l'état des choses actuel, ou si, au contraire, ces hypothèques doivent être assujetties comme les autres à la nécessité de l'inscription; enfin, si elles ne doivent pas être en outre spécialisées, soit dans l'acte constitutif des créances qu'elles garantissent

(comme le contrat de mariage) , soit seulement dans l'inscription.

Aujourd'hui tout le monde convient que la clandestinité de ces hypothèques offre de très-graves inconvénients pour les autres créanciers hypothécaires , auquel le véritable crédit immobilier de leur débiteur ne peut jamais être parfaitement connu. Ces créanciers peuvent souvent ignorer que le propriétaire d'immeubles avec lequel ils traitent est ou a été mari ou tuteur. Ils peuvent surtout ignorer la quotité des droits pour sûreté desquels la femme, le mineur ou l'interdit ont une hypothèque. Quant aux acquéreurs de la pleine propriété ou des démembrements de propriété susceptible de purge et de surenchère , comme l'usufruit , ils sont , nous devons le reconnaître , dans une position bien moins défavorable; puisqu'ils peuvent, en remplissant les formalités de la purge légale, forcer les hypothèques occultes à se révéler par l'inscription , à peine de déchéance. Les véritables inconvénients de la clandestinité , en cette matière , atteignent donc, ainsi que nous venons de le dire, les créanciers hypothécaires et les acquéreurs des droits réels , comme de servitudes ou de droits d'usage , qui ne peuvent recourir aux formalités de la purge légale.

Ces inconvénients avaient été prévus et signalés à l'avance dans les discussions du conseil d'état ; et c'est après une longue et sérieuse discussion que l'on adopta le parti de mettre ici de côté la règle rigoureuse de la publicité. Il parut au conseil d'état que l'intérêt des femmes, des mineurs et des interdits, personnes incapables de se défendre ou soumises à l'irrésistible empire d'une influence dangereuse, devait l'emporter sur l'intérêt des tiers et nécessitait une dérogation aux principes

les plus fondamentaux du régime hypothécaire [1]. Ainsi,
les incapables dont nous parlons ont été investis d'une
hypothèque générale pour laquelle l'inscription est dans
le vœu de la loi, mais nullement indispensable, si ce
n'est au cas de purge légale.

Au moyen de cette garantie hypothécaire occulte,
on a cru avoir suffisamment pourvu aux intérêts des
femmes, des mineurs et des interdits. En effet, on leur
avait à peu près sacrifié l'élément vital d'une bonne loi
sur les hypothèques. A-t-on au moins atteint le but
qu'on se proposait, et procuré aux femmes, aux mineurs
et aux interdits l'avantage d'une sécurité complète?
Nous ne le croyons pas, surtout en ce qui concerne les
femmes mariées. Nous allons faire voir que la législation
actuelle, tout en paraissant outrer les mesures de pré-
voyance, est en réalité d'une imprévoyance extrême,
et que souvent elle laisse sans défense ceux qu'elle
déclare vouloir protéger au prix des plus grands sa-
crifices.

Ainsi, l'hypothèque des femmes mariées sous un régime autre que le régime dotal qui assure l'inaliéna-
bilité de leur dot, est devenue dans la pratique une
abstraction sans réalité, une véritable chimère. La législation actuelle ne défendant plus aux femmes de s'obliger
pour autrui ni même pour leurs maris, les créanciers
qui traitent avec ces derniers ne manquent presque ja-

---

[1] Mais c'est sans doute par oubli qu'on a négligé de fixer un délai dans lequel les femmes devenues veuves, les mineurs devenus
majeurs et les interdits sortis d'interdiction seraient assujettis à
prendre inscription (*V* Avis du conseil d'état du 8 mai 1812). La
cour royale de Paris propose d'établir ce délai, et de le fixer à deux
ans (page 6 de son rapport). *V*. aussi les *Observations* de la faculté
de Caen, page 10.

mais d'exiger le concours des femmes en qualité de cooblijées et même de coobligées solidaires, ce qui, non-seulement emporte leur renonciation au droit de suite inhérent à l'hypothèque légale, mais encore les engage dans les liens d'une dette personnelle. Quelquefois la femme, sans s'obliger personnellement envers le créancier, renonce purement et simplement à son hypothèque, ou même y subroge des tiers, qui jouissent ainsi du bénéfice d'une garantie occulte qui n'aurait pas été imaginée dans un pareil but. Enfin, on voit des subrogations successives, faites à différentes personnes, devenir une occasion de fraudes et de collusions entre les femmes et leurs maris, et de procès entre les divers subrogés.

Les tiers qui achètent des immeubles du mari exigent aussi, presque toujours, le concours de la femme dans les actes de vente, ce qui fait évanouir l'hypothèque dispensée d'inscription, et délivre les acheteurs de l'embarras et des frais de la purge légale; ou même, enfin, lorsque l'acheteur n'a pas pris cette précaution, il n'arrive presque jamais que la femme s'inscrive dans le délai voulu par la loi. Et comment ne se serait-on pas attendu à ce dernier résultat? Comment la femme que l'on regarde comme étant habituellement dans l'impossibilité morale de prendre inscription sur les immeubles du mari, irait-elle précisément recourir à cette mesure rigoureuse, quand il doit en résulter la gêne la plus immédiate et la plus certaine pour le mari qui vend son bien, et désire en toucher le prix?

Ainsi, dans la pratique des affaires, ces garanties si solides en apparence s'en vont en fumée, ou du moins, ne profitent aux femmes mariées qu'à l'égard des tiers les moins rigoureux dans leurs exigences ou quelquefois même les plus dignes d'intérêt, tels que ceux dont le mari est devenu le débiteur à raison d'un délit ou d'un quasi-délit dont il doit réparation.

Du reste, avouons-le franchement, si l'hypothèque générale et occulte des femmes mariées n'avait pas été ainsi énervée et presque anéantie dans la pratique; si elle avait produit les résultats qu'on semblait en attendre, la condition des maris propriétaires aurait été des plus intolérables. En effet, d'un côté, nul créancier n'aurait pu avoir la certitude de traiter sûrement avec eux; et, d'un autre côté, si dans le cas de purge légale des immeubles vendus, les femmes, se rendant à l'invitation de la loi, avaient eu soin de s'inscrire dans le délai fixé, tous les acheteurs n'auraient pas manqué de consigner leur prix d'achat, l'abandonnant ainsi à la femme pour sûreté de ses droits non encore exigibles et souvent même non encore liquidés. Ainsi, les maris se seraient trouvés à tout moment, dans l'impossibilité de vendre utilement aucun de leurs immeubles. Des capitaux immenses auraient été de cette manière enlevés à la circulation. C'eût été là le cours naturel et régulier des choses.

Quant aux mineurs et aux interdits, comme ils ne sont pas capables de s'obliger à leur gré ni de renoncer à leurs hypothèques, ils ne peuvent sans doute compromettre à chaque instant leurs droits, comme le font les femmes mariées; mais néanmoins il arrive souvent que l'inscription n'est pas prise dans les deux mois en cas de vente de l'immeuble du tuteur. C'est que l'exagération même des précautions légales les empêche d'atteindre leur but, parce que personne ne veut se prêter à anéantir entre les mains des tuteurs toute faculté utile d'aliénation.

Il faut remarquer aussi que la loi, par une bizarre

négligence, ne donne aucune sûreté aux femmes mariées, aux mineurs et aux interdits dont les maris ou les tuteurs n'ont qu'une fortune mobilière. Aucune précaution n'est prise ici pour garantir les restitutions à faire par les débiteurs ; aucun placement n'est judiciairement exigé, aucune caution n'est demandée. Il semble que l'hypothèque générale, véritable panacée universelle, dispense de tout autre remède, de tout autre moyen de précaution : ainsi, le débiteur a-t-il des immeubles considérables, le gage du créancier sera complet, exagéré même, peu importe ; au contraire, n'a-t-il pas d'immeubles, le créancier n'a plus de sûretés ; la loi ne songe plus à lui. Ce système absolu, inflexible, imprévoyant, appelle, selon nous, une sérieuse réforme. Il faudrait avoir des règles beaucoup plus flexibles, faire une large part en cette matière à l'appréciation des magistrats, donner enfin aux personnes qu'on veut protéger des garanties variées comme les circonstances mêmes, et d'autant plus certaines qu'elles seraient mieux appropriées à l'exigence des cas. Il serait possible de concilier ainsi la spécialité et la publicité des hypothèques légales avec la sécurité complète des femmes, des mineurs et des interdits.

Nous ne pouvons ici qu'énoncer des idées générales qu'il est facile de développer. Nous n'avons pas la prétention de tracer un plan complet de dispositions réglementaires ; votre sagesse, Monsieur le ministre, saura y pourvoir, si nous réussissons à vous faire partager notre conviction sur la nature des principes nouveaux qui doivent dominer cette matière.

Nous pensons que ces principes fondamentaux devraient être les suivants :

1° Les hypothèques des femmes mariées et des

mineurs seront spéciales et rendues publiques par l'inscription.

2° Les maris et les tuteurs seront admis, suivant les circonstances, à présenter, au lieu d'hypothèque sur leurs immeubles, des garanties d'une autre nature, par exemple une caution, ou à faire le placement des sommes dont ils seront comptables. Les tuteurs pourront même être astreints, suivant l'urgence des cas, à fournir une ou plusieurs de ces diverses garanties. Enfin, la même nécessité pourra être imposée, *pendant le mariage*, au mari, dont l'administration inspirerait des craintes, et contre lequel la femme ne voudrait pas recourir au moyen rigoureux d'une demande en séparation de biens.

Quant au mode d'exécution de ces principes, il y a plusieurs hypothèses à distinguer.

1° S'il s'agit de la dot à restituer ou des conventions matrimoniales à exécuter, comme dans le cas de donation faite par le mari à la femme survivante, le contrat de mariage devra mentionner la désignation des immeubles du mari qui seront grevés d'hypothèques au profit de la femme. S'il s'agit de la dot, la clause qu'il n'y aura pas d'hypothèque légale devra être soumise à l'homologation du tribunal, qui pourra exiger soit une stipulation d'hypothèque, soit d'autres garanties. Le notaire, rédacteur du contrat de mariage, sera tenu d'inscrire l'hypothèque dans un certain délai, à peine de dommages-intérêts envers la femme.

2° A l'ouverture de toute tutelle, les hypothèques ou autres sûretés relatives aux biens actuels du mineur ou de l'interdit, seront déterminées lors de la nomination que le conseil de famille fera du tuteur, ou du subrogé tuteur si le tuteur est légitime ou désigné par le dernier mourant des père et mère. Ces règlements de sûretés seront toujours sujets à l'homologation du tribunal.

3° Lorsque de nouveaux biens sujets à restitution ad-
viendront, pendant le mariage ou pendant la tutelle, par
succession, donation ou legs aux femmes mariées ou aux
mineurs et interdits, ou lorsqu'une femme mariée ven-
dra l'un de ses immeubles propres, les officiers publics,
comme les juges de paix et les notaires, qui auront eu,
à raison de leurs fonctions, connaissance de ces successions, donations ou legs, ou de ces ventes faites par la
femme mariée, devront en avertir le procureur du roi,
qui requerra du tribunal le règlement de nouvelles sûretés à exiger du mari ou du tuteur, en hypothèques,
cautions ou autrement, ainsi qu'il a été dit ci-dessus.
Dans tous les cas, l'inscription hypothécaire sera prise
sur chacun des immeubles hypothéqués, conformément
à l'article 2148, 5°, du Code civil.

4° La femme mariée ne pourra plus s'obliger comme
caution de son mari ou comme débitrice conjointe ou
solidaire avec lui, ni renoncer pendant le mariage aux
diverses sûretés réglées comme il a été dit plus haut,
ni les céder ou y subroger, ni enfin céder les créances
mêmes qu'elle a contre son mari, à moins que, dans ces
divers cas, elle n'obtienne l'autorisation de la justice.
Elle ne pourra également *vendre* ses immeubles avec la
simple autorisation du mari, sinon par devant notaires,
afin que l'avertissement dont il a été question dans le 3°
puisse être donné au procureur du roi.

Nota. Pour cette dernière partie de notre travail,
relative aux hypothèques des femmes mariées, des mineurs et des interdits, nous avons beaucoup emprunté
au nouveau Code hollandais de 1838. Ce Code a replacé
franchement le régime hypothécaire sur ses véritables
bases : *publicité et spécialité.*

DES RÉFORMES A OPÉRER

DANS LA

LÉGISLATION HYPOTHÉCAIRE.

Extrait de la *Revue Étrangère et Française*
de Législation , de Jurisprudence et d'Économie politique , publiée à Paris
par MM. Fœlix, Duvergier et Valette,
éditée par Joubert, libraire de la Cour de cassation, tome IX, août 1842.